BEAVER BOOKS

W9-BIZ-331

My First Bilingual Book • Mon premier livre bilingue

Opposites

Les contraires

English-French • Français-anglais

— A child's first book of words and fun – in two languages! —

— Un livre bilingue, rempli de mots et de plaisir pour les tout-petits! —

big
gros

small
petit

happy
content

sad
triste

long
long

short
court

near
près

far
loin

inside
à l'intérieur

outside
à l'extérieur

in front
devant

behind
derrière

empty
vide

full
plein

over
dessus

under
dessous

hot
chaud

cold
froid

curly
frisé

**straight
raide**

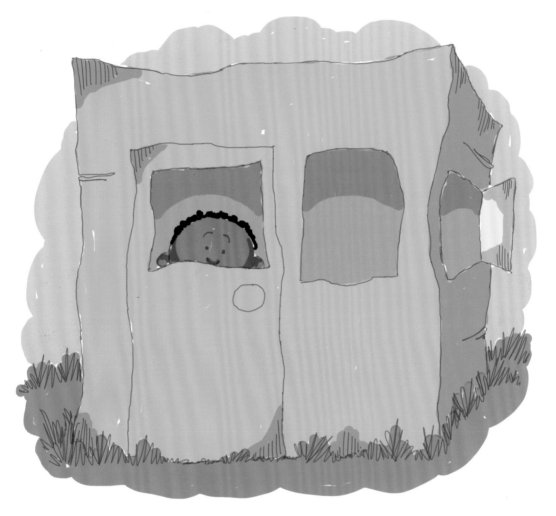

closed
fermé

open
ouvert

— Fun activities with the names of opposites! —
— Des activités amusantes! —

Can you say the names of these opposites, in both French and English?
Nomme en français et en anglais les contraires qui sont présentés ici.

Say the name of each pair of opposites and find its picture in the book.
Prononce les mots que tu vois ici et retrouve ces paires de contraires dans le livre.

in front - behind
devant - derrière

long - short
long - court

closed - open
fermé - ouvert

inside - outside
à l'intérieur - à l'extérieur